42: DIE Antwort... Siehe "Wiki"! Ich hab innerhalb 2 Std (TV & fb) 4mal die Zahl 42...

(facebook, 09.08.2019, 2 Komms, 3 Likes)

Der Vollmond und meine 10 Bücher (Verzeichnis)

Heute Vollmond, schaue auf den Mond, der Mond schaut zu auf die Erde, zeitloser Mond von der Steinzeit bis 2019 und in 4 Milliarden Jahren, dann ist die Anziehung von Erde und Mond eins. Wunder Natur aus Weltall und Raumschiff Erde etc etc.... Und dann sind da diese engstirnige, einfältigen Menschen wie Trump, Le Pen, Höcke...

Nun meine 10 ISBN-Bücher. Wenn Ihr wollt, am Besten amazon! Suchhife mit Gerd Steinkoenig und da ist die Buchübersicht mit ISBN, Preisangabe, Klappentext etc.

Blood On The Rooftops (Notizen über Musik und Mehr)

Blood On The Rooftops Teil 2 (Weitere Notizen über Musik und Mehr)

Blood On The Rooftops Teil 3 (Noch mehr Infos über Musik und Mehr)

Gerds Blood (Werbeschrift zu Blood On The Rooftops Pt 1 - 3)

Über Musik und die Welt

Liebe ist alles (Eine Magical Mystery Tour)

Music Was My First Love (Fotos zu den 6 Büchern die EIN Buch sind) ALLE VON 2017

Danach (Lebensalben und Lebensnotizen)

Buchverzeichnis 2017 bis 2019

Danach II (Und nichts anders ist von Bedeutung) ALLE VON 2019

Erlebnisse, Ereignisse, Songs, Alben, Prosaen, Erinerungen, Songlinks, Songtexte, Fotos...

Viel Spaß mit Genesis, Pink Floyd, The Beatles, Miami Vice, Der Kommissar, K-Town, Annweiler am Trifels, Alzey, Mannheim, Vater, Mutter, Old Vienna, Why Not, KL 2000, Trocadero, Backstew, Smile, Ting, The Police, Led Zeppelin, Neil Young, Kate Bush, Dallas, CSI:Miami, The Simpsons, Star Trek-TNG, Das Schweigen der Lämmer, CaRabA, Casablanca, Stanley Kubrick, Katzenmädchen Molly, Großvater, Raumschiff Erde etc....

C P Gerd Steinkoenig Gerd F Steinkoenig Gerd Gerd 14.07.2019

Hi, Mrs P... Bisschen gekritzelt wegen DOGS!

Gerd Steinkoenig·Mittwoch, 31. Juli 2019·1 minute1 Mal gelesen

Ich höre den Song DOGS aus dem legendären ANIMALS-Album (1977). 17:49 Minuten! Kein seelenloses 17:49 TekknoBumBum, sondern Gedanken im Momentum, Suggessionen bei den Videobildern zu der Musik , Fantasien zu Songthema und Lebensmomentum, Horizonte - und natürlich Musikepos mit diversen Takten, diverse Instrumenten, Themabezogenheit etc. Sie sind befreundet von Klassik-Musik. Zugegeben, ich kenne Beethoven, Bach, Mozart, Rigoletto und Schuberts Unvollendete... Aber - das verstehen Sie leider nicht - Klassik UND Rock (Progrock) sind das Selbe: Musik hat die gleichen Verständnisse. Musik kann mit den

Melodien quer vergleichen mit Themen, Zeitlinien, Liebe, Hass. Ein Epos mit Richard Wagner oder Guiseppe Verdi UND ein Epos mit Pink Floyd oder Vanden Plas... Jetzt weiter mit DOGS weiterhören, hab gerade ein bisschen gekritzelt...

C P 31. Juli 2019 Gerd Steinkoenig Gerd F Steinkoenig Gerd Gerd

50 Jahre Woodstock - meine Kurzanalyse

Gerd Steinkoenig·Mittwoch, 31. Juli 2019·1 minute

Hab ne knappe 3/4 Stunde vom 2019er Woodstock-Dokumentation in der ARD geguckt. Es war mir zu viel wehmütig, daher aufgehört... Weil es 2019 ist... Trump und die Konsorten... Vietnam, MLK, Robert Kennedy - alle ermordet, aber da war freiheitlicher, demokratischer Idealismus und vorallem Protest! Hippies, Freiheit, Gemeinschaft, Drogen, Hendrix, Joplin, Woodstock! Es war herrlich! Diesen Zeit-Trip waren ewig lange - leider... Ich weiß noch in den 70ern im Sommerkino: Woodstock-Film! "Wooden Ships" war von den Langhaarigen im Publikum voller Frieden gesungen. LOVE & PEACE! Aber damals war auch schon bei mir Gemeinschaft, Freiheit... 2019 ist BRD-Staatsmainstream, USA-Staatsmainstream, Russland-Staatsmainstream, Meinungsdiktatur 2019! Heute nur noch wehmütige, glänzende Augen bei den "neumodischen" CDs mit Jimi Hendrix, Joan Baez, Santana, CSN & Y... Dies ist eine Zeitoase aus jenem Geist. Die 17jährigen wissen es nicht und lachen nur... 1969 war Politik, Idealismus! 2019 ist geistiger Schrott...

C P 31. Juli 2019 Gerd Steinkoenig Gerd F Steinkoenig Gerd Gerd

6. August...

Gerd Steinkoenig·Dienstag, 6. August 2019·2 Minuten1 Mal gelesen

Am 6. August 1945 war Hiroshima (Atombombe - falls noch jemand das weiß...). Und am 6. August 1928 Jahrhundertkünstler Andy Warhol geboren. Und am 6. August 1935 war mein

Vater geboren...

Mensch Vater! Wenn Du wüsstest! Hab ich schon gesagt: FCK 3. Liga und so... Lach :-D Aber was da 2019 los ist! Jetzt weiß ich endlich warum, was Du gesagt hattest. Ich hatte gelacht... Was Du vorhergesehen hast, das hab ich 2019 "den Salat". Die BRD steht auf Krücken. Keine Regierung! AfD und die Grünen sind VOR der SPD... CDU/CSU UNTER 30 %... Machtgestotter, leere Versprechungen, keine Infrastruktur, Bundeswehr zertrümmert, Flüchtlinge lachen über die Deutschen, kein Rechtsstaat! Mal wieder meine Glorifizierung (laut Mrs. P - Du würdest über die Mrs P und über die Mrs X lachen, den Kopf schütteln) über die alte Zeit: in der BRD war in den 70ern/80ern besser! Die Politiker hatten noch Power!

Und die Welt? Ach Vater, sei froh, das Du Dein gemütliches Nirvana hast... Nur noch die Faschisten wie US-Präsi Trump, Brexit-Präsi Johnson, Le Pen, Orban etc etc! In der Weltmenschheit hält sich über eine Waage - wenn ein bestimmter Mensch, ist das Gefüge kaputt. Seit Du in der nächsten Lebensdimension ist: FCK 3. Liga, Trump, Gauland... Hahaha :-D

Trotzdem, lieber Vater :-D <3 Lebensneugierde, Freiheit, Unabhängigkeit!! Und wie Du es am 1. Todestag 2018 "gepostet" hast: Kampf, Mut, Wille, Disziplin! Das ist mein Lebensmotto!

C P Gerd Steinkoenig Gerd F Steinkoenig Gerd Gerd

Zerrissenes Deutschland durch AfD!

Gerd Steinkoenig·Mittwoch, 7. August 2019·1 minute3 Mal gelesen

Vor der AfD war die Geselschaft "geheim": vorgehaltene Hand, kann man ja nicht mehr sagen... Mit der AfD ist die Gesellschaft jetzt ehrlich... Im Dritten Reich gab es Ausländerhass, Judenhass, Sinti/Roma-Hass, "Zecken"-Hass etc. - 2019 AUCH!!!!! Seit der AfD gibt es neue Propaganda durch z.B. BILD, WELT!! Wir sind zerrissen. Es gibt 2019 in der BRD Gutmenschen (wie ich und viele, viele andere meiner fb-Freunde) und es gibt Schlechtmenschen ("aber die Ausländer"-Menschen, AfD, NPD, Der Dritte Weg etc.). Sicherheit und Respekt wäre sehr gut - aber nicht nur wegen den Ausländern, sondern auch durch die Deutschen... Abschiebungen ok! Durch Mörder, Vergewaltiger etc. Aber nicht durch die integrierten Migranten (Dunja Hayali, Cem Özdemir, Peter Maffay, Roberto Blanco...) - nicht über den Kamm scheren. Mmh, bei der AfD ist Maffay dann noch ok, aber

Özdemir und Hayali tot??

CP 07.08.2019 Gerd Steinkoenig Gerd F Steinkoenig Gerd Gerd

Meine besten LPs aller Zeiten (ääh von 1990...)

Gerd Steinkoenig·Donnerstag, 8. August 2019·2 Minuten1 Mal gelesen

Ich habe ca 50 Musikbücher, u.a. Frank Laufenbergs DIE BESTEN LPs ALLER ZEITEN aus dem Jahr 1990! Da steht auch noch "LPs"... War zwar um 1985 (Brothers In Arms) mit den CDs, aber immer noch LPs. Das heißt im Endeffekt: die besten VINYLPLATTEN aller Zeiten! Frank (mein fb-Freund) hatte viele Kollegen aufgerufen und hatte 10 persönliche Lieblings-LPs genannt. Von Thomas Gottschalk bis Carlo von Tiedemann bis Fritz Egner... Das buch hatte ich damals "geschmückt" mit Rezessionen und Bildern und meinen Kommentaren. Ist ein besonderes Musikbuch aus meinen ca 50... Ja, und dann MEINE LPs, lach :-D Von 1990!

1 The Dark Side Of The Moon (Pink Floyd)

2 A Trick Of The Tail (Genesis)

3 Brothers In Arms (Dire Straits)

4 Abbey Road (The Beatles)

5 Woodstock I & II (Diverse)

6 Made In Japan (Deep Purple)

7 The Kick Inside (Kate Bush)

8 Legend (Bob Marley)

9 Regatta De Blanc (The Police)

10 The Song Remains The Same (Led Zeppelin)

Bei den 30 Lebensalben von mir (ISBN-Buch DANACH, no-isbn "Rust Never Sleeps") ist das "Weiße Album" von den Beatles - kein Abbey Road. Ist ja natürlich geil, bla bla... Auf jeden Fall, der rote Faden meines Geschmacks ist wie 1990 oder 2019, lach... Ach ja: von 1983 (!) sind meine 44 empfenlenswerten LPs mit den ALL Times-Alben - diesmal von den Beatles: drei... Ist übrigens im ISBN-Buch BLOOD ON THE ROOFTOPS (mein 1. Buch überhaupt, hach). Da ist Zeitgeist dabei: diverse Namen bei den All Time-Jahren 1983, 1990, 2019 - irgendwie trotzdem der rote Faden...

C P Gerd Steinkoenig Gerd F Steinkoenig Gerd Gerd 08.08.2019 00:44

facebook Memories, 8. August...

Gerd Steinkoenig·Donnerstag, 8. August 2019·1 minute

Gerd Steinkoenig

23. Juni 2015 ·

Zwei weitere Tueten Buecher entdeckt... Also Musiksonderhefte woanders hin und dort jetzt die restlichen Buecher.. Und wenn man alles so sieht - in den Kartons sind noch Mappen, Videos, DVDs - wuerde ich sagen: Ich braaauchee Regaaale!!!

Bei dem "Foto" war noch die Katze Molly da... Sie ist natürlich die Chefin, hahaha :-D

Durch fb-Memories hat man viele Zeitfacetten und Zeitgefühle durch diese ewigen Zeilen. Oscar Wilde mit weissen Spruch war dabei, Foto mit Elternhaus dabei (vor 3 Jahren), fbGame Criminal Case war dabei (vor 5 Jahren)...

Und ich sehe das Foto mit dem Wohnzimmer, das Momentum aus Enthusiasmus, geiler Zukunft, große Ziele und Pläne... Und Vater meinte: "Jetzt bist du erwachsen". Lachende Freunde, Lebensfreiheit, Kunst mit Bücher und Fotomotiven, und Seniorenbetreuer-Job und Nebenjob und Juhuuu und dann gaaar nix!! Bei den Musikcharts würde ich sagen: von 0 auf 1 und dann abgestürzt auf Platz 97...

C P Gerd Steinkoenig Gerd F Steinkoenig Gerd Gerd 08.08.2019 / II

Geschichte wiederholt sich DOCH!

Gerd Steinkoenig·Freitag, 9. August 2019·1 minute

Die Gegenwart kommt aus der Vergangenheit. Geschichte wiederholt sich DOCH!! Die 2019-Deutschen sind wieder aus den 1933-Deutschen! Die 2019-US-Amerikaner sind aus den 1862-US-Amerikaner! Aus Texas (natürlich...) sind 2 berittene Polizisten einem Schwarzen verhaftet: laufend mit Strick!! Das war VOR der Sklaverei! Trump träumt mit vielen Einwohnern aus dem "guten, alten Amerika"... Und Deutschland träumt aus der 1950er Bonner Republik... Na ja, aus der "DDR" ist wieder was anderes...

Wir haben im Moment die NWO! China vs USA (Handelskrieg), Naher Osten (Hormus), Putin, EU... Die sogenannte Nachkriegszeit ist vorbei. Jetzt kommen Regierungschefs aus Macht und Eiern... Wer den Längsten hat, gewinnt... (Schade, das die "heute-show" Sommerpause hat, hahaha...)

C P 09.08.2019 Gerd Steinkoenig Gerd F Steinkoenig Gerd Gerd aus dem no-isbn-Buch ZEITLOSE SONNE IN DER STADT (März 2018)

Gerd Steinkoenig·Donnerstag, 8. August 2019·1 minute

Seite 1

Zeitlose Sonne in der Stadt

Laufe durch die Gegend. Fotomotive, Vögel und Autos, das Ambiente durch die Aura durch die Sonne im Momentum. Urplötzlich beamt mein Gehirn durch die Zeiten in Kaiserslautern 1977, 1982 oder 2005 - naturstoned, Hinterhöfe, sonnendurchflutete Straßen/Gassen/Autos/Bäume. LPs bei Dreunden mit Genesis oder Kate Bush, Bierchen und anderes. Annweiler 2018 ist auch wie jeden Tag - der Anfang von 2014/2015. Vögel, Autos, Ambiente, sonnendurchflutete Aura durch das Herzensgefühl. Zeitlos für das Momentum in diesem Augenblick - egal welche Technik, Mode, Zeitgeist - mit Kaiserslautern 1980 oder Annweiler 2018... C P Gerd Steinkoenig 12.03.2018

Seite 21

Aus dem "Eichhörnchen"-Buch:

Freiheit ist ein anderes Wort dafür

das man nichts zu verlieren hat

(Janis Joplin und Logopädin)

Und Freiheit, Freiheit in meinem Leben wurde Oktober 2017 bewahrheitet

(außer Easy Rider, Woodstock, Willy Brandt)

C P 08.08.2019 Gerd Steinkoenig Gerd F Steinkoenig Gerd Gerd

Chat (61)

Weitere Meldungen wurden geladen.

Kind von Jahr 0 bis Jahr 18

Gerd Steinkoenig·Sonntag, 11. August 2019·1 minute

Gelber Flieder als Kind

War so schön Natur und gelb

Als Kind mit draußen, Luft, Natur

Löwenzahn pustern, neugierig Stengelmilch

Kuchen gebacken als Erde und gefressen

Na ja, Vater kam, Kopf über

Rücken gekloppt, Erde raus, hahaha

Ich war zu ruhig

Straße gebaut auf dem Boden

Im Kinderzimmer

Oh je, die Mutter

War ne geile Straßenkreuzung, hahaha

Später als Schüler

Mit vielen, guten Lehrern

Demokratie, Diskussionen

Lehrer Cornelius oder Barthels

Erdkunde und Gechichte 2

Mathematik und Physik 3 oder 4

Englisch und Deutsch 3

So cirka

Auch mal Geschichte 5

Stinkbomben an die Geschichtslehrerin

Später als Teenager

Handelsschule

Die große Stadt selbständig

Neugierig

Und später mit der Lehre

Und Smile, Thing, Trocadero, Old Vienna

Und Freunde in Schwedelbach, Rodenbach, Kaiserslautern

Und die Freundinnen in Kaiserslautern, Rodenbach, Obermohr

Und dann... Dann kommt das Erwachsen sein

Und erstmal Bundeswehr

C P Gerd Steinkoenig Gerd F Steinkoenig Gerd Gerd

e-mail von Mutter... Zwecks 2 Prosaen... Gutes Gedächnis... Von Mutter... Nicht diese 2 xxxxx...

Hallo Gerd, wo hast Du nur das Gedächtnis her. Gut geschrieben. Mutti

Gesendet: Sonntag, 11. August 2019 um 15:21 Uhr

Betreff: Endlich wieder Prosaen :-D

Melancholie... (eine Prosa)

Gerd Steinkoenig·Freitag, 9. August 2019·1 minute

Alles ... Immer...

"Dachkannel"-Regen, Fenster-Regenprasseln

Pfeifender Sturm in engen Gassen

Gewitter

Mond

Erinnerungen und Erlebnisse

Wochenenden mit treuem Katzenmädchen

Und die LP "and then there were three" von Genesis

C P Gerd Steinkoenig Gerd F Steinkoenig Gerd Gerd 09. 08. 2019 23:12

Kind von Jahr 0 bis Jahr 18

Gerd Steinkoenig·Sonntag, 11. August 2019·1 minute

Gelber Flieder als Kind

War so schön Natur und gelb

Als Kind mit draußen, Luft, Natur

Löwenzahn pustern, neugierig Stengelmilch

Kuchen gebacken als Erde und gefressen

Na ja, Vater kam, Kopf über

Rücken gekloppt, Erde raus, hahaha

Ich war zu ruhig

Straße gebaut auf dem Boden

Im Kinderzimmer

Oh je, die Mutter

War ne geile Straßenkreuzung, hahaha

Später als Schüler

Mit vielen, guten Lehrern

Demokratie, Diskussionen

Lehrer Cornelius oder Barthels

Erdkunde und Gechichte 2

Mathematik und Physik 3 oder 4

Englisch und Deutsch 3

So cirka

Auch mal Geschichte 5

Stinkbomben an die Geschichtslehrerin

Später als Teenager

Handelsschule

Die große Stadt selbständig

Neugierig

Und später mit der Lehre

Und Smile, Thing, Trocadero, Old Vienna

Und Freunde in Schwedelbach, Rodenbach, Kaiserslautern

Und die Freundinnen in Kaiserslautern, Rodenbach, Obermohr

Und dann... Dann kommt das Erwachsen sein

Und erstmal Bundeswehr

C P Gerd Steinkoenig Gerd F Steinkoenig Gerd Gerd

10 Ergebnisse gefunden

Der Fluch der Erinnerungen, feat. Good Old Days-Songtext

Gerd Steinkoenig·Montag, 12. August 2019·5 Minuten2 Mal gelesen

Bad Bergzabern... "Nachfolgerin" von Alzey... Ca 300 Fotos... Wochenend-Trips... Immer 1 bis 2 Stunden... Komplett die Stadt kennengelernt mit den Fotos... Freiheit... Nach ca 2 Monate im "Klinikknast"... Freiheit mit allein rumlaufen... Ich weiß noch im Billigkleidergeschäft... Im Regen... Trotzdem freudig gelaufen... Allein endlich... Und wieder Kreativität mit Fotomotiven... Leider nur noch 10 oder 15 Fotos... Technik, naturstoned, war halt leider so... Wenigstens kleine Fotoshots... Ich hätte so gerne dieses Fotomotiv wieder... Rechts uraltes Haus mit Firmenhistory - links modern mit Zeitgiest und Autos - in der Mitte die Kirche... Und das große Loch im Baum... Ich hab alles im Kopf... Wäre toll, mit Bad Bergzabern für "neue alte Fotos"...

Der Fluch der Erinnerungen... Wie gesagt Bad Bergzabern mit allen Ecken - nur die Wochenenden... In allen Jahrzehnten... Ich kann alle Zimmer zeichnen... Wohnungen und Joblocations... Der Hof in Schifferstadt (siehe Erdkuchen gefressen...) oder das Kinderzimmer in Kaiserslautern... Gegenüber war Kerweplatz, rechts Bahnampel in Schifferstadt (1959 - 1966)... Der Hof in Enkenbach (siehe Löwenzahn pusten...) und der Garten in Enkenbach mit Stachelbeeren oder Erdbeeren oder Erbsen... Das 1973-Teeniezimmer in Schwedelbach und das große Grundstück... Ich hab gefühlte 1000 Erinnerungen voller Zeiten, Zeitgeister, Moden, Autos, Häuser... Viele Schmetterlinge im Sommer in Enkenbach, die Wohnung in Mutterstadt bei Großvater, Bundeswehr-Stube und Wintex-Übung und "Blackburn City"-Übung und Daun (Backstew) und Mayen (Why Not), die Wohnung in KL mit A.P. etc etc etc etc... Es gibt viele Sachen in allen Büchern von Smile bis Old Vienna, von ROB KL bis Fa Hornung, von Mannheim bis Frankfurt, von Globetrotter-Tour 1986 (DAS Erlebnis überhaupt!!!!) bis LiveKonzerte von Genesis bis Pink Floyd bis Neil Young...

Es ist sehr schön mit den Erinnerungen und Erlebnissen!!!! Viele Menschen wissen nichts mehr was 3 Wochen vorher ist. Es ist sehr geil, das ich diese Erinnerungen erleben durfte, und auch noch erinnern kann!! Aber bei Melancholie, wegen den Zeitgenossen, Tagesmomente etc ist es ein Fluch... In der Musik genauso: If You Leave Me Now ist sofort da mit den Suggessionen (70er Liebeskummer), oder Good Old Days (die ersten Wochen in Alzey, TV mit VIVA) oder Teardrop (Annweiler-Insider) oder Time (Handelsschule, M.B.)...

Ach übrigens: In einem no isbn-Buch ist ein Titelbild aus Bad Bergzabern...

Macklemore feat. Kesha – Good Old Day

I wish somebody would have told me, babe

Some day, these will be the good old days

All the love you won't forget

And all these reckless nights you won't regret

Someday soon, your whole life's gonna change

You'll miss the magic of these good old days

I was thinking about the band

I was thinking about the fans

We were underground

Loaded merch in that 12-passenger van

In a small club in Minnesota

And the snow outside of 1st Ave

I just wanted my name in a star

Now look at where we at

Still growing up, still growing up

I'd be laying in my bed and dream about what I'd become

Couldn't wait to get older, couldn't wait to be some

Now that I'm here, wishing I was still young

Those good old days

I wish somebody would have told me, babe

That some day, these will be the good old days

All the love you won't forget

And all these reckless nights you won't regret

,Cause someday soon, your whole life's gonna change

You'll miss the magic of the good old days

Wish I didn't think I had the answers

Wish I didn't drink all of that glass first

Wish I made it to homecoming

Got up the courage to ask her

Wish I would've gotten out of my shell

Wish I put the bottle back on that shelf

Wish I wouldn't have worry about what other people thought

And felt comfortable in myself

Rooftop open and the stars above

Moment frozen, sneaking out, and falling in love

Me, you and that futon, we'd just begun

On the grass, dreaming, figuring out who I was

Those good old days

I wish somebody would have told me, babe

That some day, these will be the good old days

All the love you won't forget

And all these reckless nights you won't regret

,Cause someday soon, your whole life's gonna change

You'll miss the magic of the good old days

Never thought we'd get old, maybe we're still young

May we always look back and think it was better than it was

Maybe these are the moments

Maybe I've been missing what it's about

Been scared of the future, thinking about the past

While missing out on now

We've come so far, I guess I'm proud

And I ain't worried about the wrinkles around my smile

I've got some scars, I've been around

I've felt some pain, I've seen some things, but I'm here now

Those good old days

You don't know what you've got

Till it goes, till it's gone

You don't know what you've got

Till it goes, till it's gone

I wish somebody would have told me, babe

Some day, these will be the good old days

All the love you won't forget

And all these reckless nights you won't regret

Someday soon, your whole life's gonna change

You'll miss the magic of these good old days

C P Gerd Steinkoenig Gerd F Steinkoenig 12.08.2019

Mutters Osseck, Vaters Simmenau, Gerds Annweiler...

Gerd Steinkoenig·Montag, 12. August 2019·3 Minuten

Paris oder New York City oder London wäre schööön :-D Aber ich hab/hatte die erlebten Orte:

Osseck am Wald (amtliche Schreibweise Osseck a.Wald) ist ein Ortsteil der Gemeinde Regnitzlosau im Landkreis Hof. Zur Unterscheidung des gleichnamigen Hofer Stadtteils trägt er den Zusatz am Wald.

Das war der Geburtsort von Mutter. Hatte ich als Kind gesehen. Später dann aber auch der Stacheldrahtzaum zwischen BRD und DDR. Mit Wachtürme, nachts die Lichter und bedrohliche Geräusche. Weiß keiner mehr...

Simmenau (heute Szymonkow), Stadt Kreuzburg, Woiwodschaft Opole, Oberschlesien, Polen. Das war Vaters Geburtsort. Im Internet sind WW II-Gefallenen, Amtsbezrik Simmenau etc, sind noch viele SchlesienBilder, aber meines Wissens nicht von Simmenau. Großvater war in Mutterstadt, arbeitete als Schlosser in der BASF. Dann kam das 3. Reich - "Osterweiterung" mit Bauern... Danach Flucht und wieder Mutterstadt.

Kaiserslautern

Zur Navigation springen Zur Suche springen

Wappen   Deutschlandkarte

Koordinaten: 49° 27′ N, 7° 46′ O | Basisdaten Bundesland: Rheinland-Pfalz Höhe: 251 m ü. NHN Fläche: 139,74 km2 Einwohner: 99.845 (31. Dez. 2018)[1] Bevölkerungsdichte: 715 Einwohner je km2 Postleitzahlen: 67655–67663 Vorwahlen: 0631, 06301 Kfz-Kennzeichen: KL Gemeindeschlüssel: 07 3 12 000 Stadtgliederung: Kernstadt (9 Gebiete) und 9 Ortsbezirke/Stadtteile Adresse der

Stadtverwaltung: Willy-Brandt-Platz 1

67657 Kaiserslautern Website: www.kaiserslautern.de Oberbürgermeister: Klaus Weichel (SPD) Lage der Stadt Kaiserslautern in Rheinland-Pfalz

Naturraumkarte: Landstuhler Bruch und Kaiserslauterer Becken sowie angrenzende Landschaften

Kaiserslautern (Anhören?/i, pfälzisch: Lautre[2]) ist eine kreisfreie Industrie- und Universitätsstadt am nordwestlichen Rand des Pfälzerwalds im Süden von Rheinland-Pfalz. Sie ist Sitz der Kreisverwaltung des Landkreises Kaiserslautern.

Kaiserslautern war bereits zu karolingischer Zeit Königshof. Die Blütezeit der Siedlung begann Mitte des 12. Jahrhunderts, als Friedrich I. Barbarossa die um 1100 errichtete Burg zu einer Pfalz erweitern ließ. Während des Dreißigjährigen Krieges wurde die Stadt nacheinander von Spaniern, Schweden und Kaiserlichen erobert. Im Pfälzischen und Spanischen Erbfolgekrieg besetzten Franzosen die Stadt und zerstörten die Burg Barbarossas sowie das daneben von Johann Casimir im 16. Jahrhundert erbaute Schloss. Mitte des 19. Jahrhunderts wurde die nun zum Königreich Bayern gehörende Stadt Mittelpunkt des Pfälzischen Aufstands; zugleich entwickelte sie sich dank zahlreichen Firmengründungen in der Textilbranche, der Metallindustrie und dem Maschinenbau neben Ludwigshafen am Rhein zum bedeutendsten Industriestandort der Pfalz.

Am 31. Dezember 2018 zählte die Stadt 99.845 Einwohner; sie ist damit die fünftgrößte Stadt in Rheinland-Pfalz.

Flächenmäßig ist Kaiserslautern die größte Stadt in Rheinland-Pfalz.

Die Kaiserslautern Military Community mit rund 50.000 Militärangehörigen und Zivilisten bildet den weltweit größten US-Militär-Stützpunkt außerhalb der Vereinigten Staaten. Die der Military Community angehörenden Personen, die in Kaiserslautern wohnen, werden bei der Einwohnerzahl nicht berücksichtigt.

Siehe bei meinen Büchern, lach... Jobs/Firmen (Hornung, Kopp & Krauss, ROB etc), Discos (Old Vienna, Trocadero, KL2000 etc), Studentenkneipen (Smile, Thing, Pille etc)...

Schwedelbach liegt 14 km nordwestlich von Kaiserslautern am Südrand des Nordpfälzer Berglandes.

Zur Ortsgemeinde Schwedelbach gehört der Ortsteil Pörrbach.

Das gebaute Haus von meinen Eltern. Seit 1972 am Ende der Olympischen Spiele. Die 70er mit den Samstaggärten mit allen (natürlich mit Radio-Bundesligakonferenz), diverse Inkarnationen mit dem Grundstück/Haus, plus Rodenbach (Schwimmbad 1976), Weilerbach (Schule)...

Annweiler am Trifels (Aussprache?/i) ist eine Stadt und gemessen an der Einwohnerzahl die drittgrößte Ortsgemeinde im rheinland-pfälzischen Landkreis Südliche Weinstraße. Sie ist zugleich Verwaltungssitz der gleichnamigen Verbandsgemeinde. Annweiler ist ein staatlich anerkannter Luftkurort und gemäß Landesplanung als Mittelzentrum ausgewiesen. [2]

Neues Paradies ab 2015! Im Momentum...

Desweiteren Mannheim (1981-1984/85), Frankfurt/M, Stuttgart, Hamburg, Enkenbach, Schifferstadt, Mutterstadt, München, Bozen, Meran, Kolbnitz, Vaison La Romaine, Llorret de Mar, Genf und und... Das war so geil in Vaison La Romaine - GlobetrotterTour 1986 (ich darf es ewig erleben im Geist).

Tja, und wie gesagt, siehe meine Bücher: z.B. "Lieber Großvater", "Idylle" etc...

C P Gerd Steinkoenig Gerd F Steinkoenig 12.08.2019 II

Kommentar von Ba.v.L. Gerd, ja die Musik kann uns einfach zurück katapultieren und Gefühle wecken, aber auch in dem Text geht es ja darum, dass man diese Zeiten nicht genossen hat, sondern immer nach etwas anderem gestrebt hat und es nur im Erinnern, als die guten alten Zeiten erscheinen. Mach dir die Zeit jetzt nicht schlimm, durch falsches Erinnern. Was hindert dich, neue Fotos zu machen, mit neuen Perspektiven und Neues zu beginnen?

Titelbild von Notiz Mutters Osseck... Aus der Südpfalz /Annweiler

Die nächsten Fotos: klitzekleine Auschnitte aus meinen über 50 Musikbüchern:

D'Arby, Terence Trent (voc), bürgerlich Terry
Darby, am 15. März 1962 in New York City geboren, wurde vor allem von der britischen Mu-
sikpresse voreilig als «neuer Prince des Pop»
(‹New Musical Express›) gefeiert. Zwar besaß
der Sohn eines Erweckungspredigers und einer Amateur-Gospelsängerin «genügend Cha-
risma, an Arroganz grenzende Dickköpfigkeit
und musikalische Substanz, um sich für längere
Zeit auf der Szene zu halten» (‹Der Spiegel›),
ennoch erschien er so prätentiös und berech-
end «wie jemand, der von drei Rockkritikern
am Telefonieren erfunden wurde» (Kritiker
harles Shaar Murray). «Jeder schwarze Art
den Staaten», behauptete D'Arby, «der ei-
n breiten Massenerfolg anstrebte, muss
sich in gewisser Weise entmännlichen. Ich
de beweisen, dass man genreübergreifend
olg haben kann, ohne sich den Schwarz

Hilfe
ter Schlem
«Ich glaube,
Diamant bin, der eines
oder Michael Jackson strahlen wird,
Fall wie Whitney Houston.» Hilfes
dem Weg zur Hochkarätigkeit sollt
seller-LP *Introducing the Hardline*
To Terence Trent D'Arby (1987)
schwarzes Selbstbewusstsein und
mon» (‹Village Voice›) geschickt
und «sich einbildet, einem Feelin
ln, dabei aber nur Erinnerungen
ker Nick Coleman) an glorreic
schwarzer Musik. «Terence Tr
prophezeite ‹Stereo Review›, «w
den, wenn er herausfindet,
Tricks bloß Manieriertheiten si
er zu einem eigenständigen S
kann.» – «Weder Fisch noch Fl
tel) nannte er 1989 seine zw
ner Selbstbescheidenheit, doch
Während die

Thomas Gottschalk
(BR /ZDF)

1. Revolver
2. Woodstock
3. Book Of Talisyn
4. Pictures At An Exhibition
5. Tales Of Mystery & Imagination
6. Bat Out O' Hell
7. Chess
8. Grand Hotel
9. Peter Gabriel (Solsbury Hill)
10. At The End Of A Perfect Day

...Zeichnungen einschließlich Deutsche sind im Lexikon einzeln verzeichnet und erläutert.

Intro, Introduction → Einleitung

Island Records. London, wurde im Jahre 1962 von Chris Blackwell, Sohn eines jamaikanischen Planta-...arbeitern, gegründet und widme-...sich anfänglich der Aufgabe, ja-...amerikanische (und eigene) Produkte den englischen Markt zu vertrei-...(→ Reggae). Das Repertoire an ...produktionen wuchs ständig. ...ersten Erfolg auf dem Gebiet ...Rockmusik brachte das Erst-...album von TRAFFIC (Mr. Fanta-...67). Ihm folgte die Verpflich-...en Gruppen und Musikern wie ...TOOTH, KING CRIMSON...

Isle of Wight → Festival

Italienische Rockmusik ...Deutschland außerhalb ...so gut wie nicht gehört, ...einmal von der in Italien ...ten Dancefloor Music ab. ...die in der Bundesrepublik Deutsch-land einen größeren Bekannt-grad erreichten, waren ...Celentano, Angelo Branduardi ...Umberto Tozzi, Eros Ramazzotti ...Gianna Nannini und in jüngster La-...Zucchero Fornaciari, nicht zuletzt auf Grund seiner Zusammenarbeit mit dem britischen Sänger Paul Young («Senza Una Donna»). Da...

…schiedlicher Mix… mal Pomp-Rock – durch-… mal Metal, mal Pomp-Rock – durch-… erfolgreich. In GB schafften Sweet … Top-10-Erfolge, darunter Anfang … den Spitzenreiter »Blockbuster«. In … -schland brachten sie es auf 15 Top-… darunter die Nummer-1-Hits … 1971, »Little Willy« und »Wig-… 1972, »Blockbuster«, »Hell … und »Ballroom Blitz« 1973, »Tee-… 1974 und »Fox On The … 1975. In den USA hatte die Band … -seller: »Little Willy« 1973 und … the Run« 1975. Ihr letzter inter-… großer Erfolg war »Love Is Like … es 1978 zum Top-10-Erfolg … USA und Deutschland brachte. … verließ Connolly die Band. … seinen Part als Leadsän-… Keyboarder kam Gary Mober-… 80er Jahre …

gers, der nach 1981 mehrere Herzinfarkte erlitten hatte, die er aber überstand.

Funny Funny (5/71 D 5)
Co-Co (6/71 D 1, GB 2, 8/71 CH 1)
Poppa Joe (2/72 CH 2, D 3)
Little Willy (6/72 D 1, GB 4, 7/72 CH 2, 1/73 US 3)
Wig-Wam Bam (9/72 D 1, GB 4, 10/72 CH 2)
Blockbuster (1/73 D 1, GB 1, 2/73 CH 3)
Hell Raiser (5/73 D 1, GB 2, CH 3)
Ballroom Blitz (9/73 D 1, GB 2, CH 3, 6/75 US 5)
Teenage Rampage (1/74 D 1, CH 2, GB 2)
The Six Teens (7/74 GB 2, D 4, 8/74 CH 6)
Turn It Down (11/74 D 4)
Fox On The Run (3/75 D 1, GB 2, 6/75 CH 3, 10/75 US 5)
Action (7/75 D 2, 8/75 CH 4)
The Lies In Your Eyes (2/76 D 5)
Fever Of Love (3/77 D 9)
Love Is Like Oxygen (1/78 US 8, GB 9, D 10, 3/78 CH 6)

Glitter(-Glam)-Rock

Die weiße Teenage-Meute

Carl Perkins / Johnny Cash / George Hamilton IV /

Hinter Boone, Presley und Haley versammelte sich eine [...] von Teenage-Singern, unter denen Carl Perkins der [...] Johnny Cash der langlebigste und erfolgreichste war. John [...] nach Auflösung der BEATLES zum erstenmal ein Live-Kon[...] PLASTIC ONO BAND spielte, sagte dem Publikum, man könn[...] spielen, die alle kannten (alle Musiker) – denn man hätt[...] gehabt, ein neues Repertoire zu proben. Er und der Gitarrist[...] ten später dann sofort los mit: «One for the money, two fo[...] three to get ready, now, go, cat, go!» Welcher Rock 'n' Roll S[...] Jahre spielte nicht Blue Suede Shoes?

«Für mich war es der leichteste Song, den ich je geschr[...] sagte Carl, «ich stand um drei Uhr nachts auf, als meine Fra[...] ch in einer Sozialwohnung in Jackson, Tennessee, wohnten [...] le schon im Kopf, weil ich Jungs an der Bühne hatte st[...] ehemlich stolz auf [...]

aus: Rocklexikon - Siegfried Schmidt-Joos etc (rororo 2008), Tibor Kneif/Bernward Halbscheffel: Sachlexikon Rockmusik (rororo), Frank Laufenberg: Die besten LPs aller Zeiten, Arnold Shaw: Rock n Roll (rororo), Frank Laufenberg: Rock & Pop Lexikon

Facebook

Gerd

Startseite

Erstellen

Freundschaftsanfragen

2

Nachrichten

5

Benachrichtigungen

Kontoeinstellungen

Diese Notiz wurde gepostet. Notiz bearbeiten

Schall & Rauch / Die Beständigkeit der Erinnerung

Gerd Steinkoenig·Dienstag, 13. August 2019·Reading time: 2 minutes

Was ist ein Coldplay? Hatten diese komischen Beatles ein One Hit Wonder mit "Yesterday"? Iron Maiden ist doch Mittelalterfolter und kein komisches sogenanntes Metal, When I Need You für immer verschollen?...

SCHALL UND RAUCH!

Dieser kleine Typ namens Humphrey Bogart! Wer ist das, kein "Casablanca" mehr... Heinz Rühmann ist ja lustig - ist das ein Schauspieler? Die Filme waren ja sooviel Laber, so wenig Explosionen...

SCHALL UND RAUCH!

Mit diesem Glatzkopf Kojak ein richtiges New York City?! Aus den 70er Jahren des uralten 20. Jahrhundert... Hahahaha, ist das lustig von diesen 1960ern Serien: Bezaubernde Jeannie, Männerwirtschaft... So lächerlich (?)...

SCHALL UND RAUCH!

2097 lacht über 1974... 1974 Experimente, Kreativität - 2019 stromlinienförmiger Mainstream, grau in grau, Wegwerfware Musik, Mainstreammusik... 2097.. Mmh... Tja... Nur noch Alcorythmenware von Musik, Film, TV-Serie, Literatur, Theater! Pop? Aha, Alcorythmen macht Abba. Die erfolgreichsten Serien? Aha! Baywatch... Hill Street Blues ist nicht dabei... Ist intelligent und nicht zu erfolgreich... Elvis Presley und die Beatles dabei - Pavlov´s Dog und Grateful Dead ist außen vor, nicht kommerziell und kein Mainstream... Ob 2097 der Film "Taxi Driver" dabei ist? Jodie Foster zu jung, und Nutte, und geht doch nicht -

Alcorythmen...

SCHALL UND RAUCH!

Ob 2097 Madonna noch vorkommt? Waren ja zu viele Religions- und Sexskandale...
Irgendwann vergessen, verschollen! Zeitgeist - und dann nie mehr den Film The Warriors,
den Serien Percy Stuart, Follyfoot Farm, oder Billy Preston (war mit den Rolling Stones UND
den Beatles), Mud, Kenny, La Belle...

SCHALL UND RAUCH!

Die Beständigkeit der Erinnerung (1931) von Salvador Dali! Fälschlicherweise hieß es in
Deutschland "Fließende Zeiten". Gott sei Dank heißt es DIE BESTÄNDIGKEIT DER
ERINNERUNG! Dadurch hat das Gemälde Sinn mit diesen richtigen, übersetzten Worten!

Das ist unvergessen!! Hoffentlich!!!!

G P Gerd Steinkoenig Gerd F Steinkoenig

DIE LETZTE NOTIZ!!!!!!!! GFS-Autor 2017 - 2019

Gerd Steinkoenig·Dienstag, 13. August 2019·1 minute

ENDLICH!!!! Der Typ hört endlich auf mit seinen blöden Notizen, hahahaha :-D :-D

Nein, im Ernst: die letzte Phase von der Buchtrilogie DANACH - also logischerweise DANACH
III.

Ende 2016/Anfang 2017 begann mein erstes Buchabenteuer BLOOD ON THE ROOFTOPS.

Von naiven, fanseitigen Musikenthusiasmus (You Should Be Dancing mein 1.Disco-Song, bis Albenlisten wie Jahrzehntealben oder Songlisten oder The Story Of Rock, bis Mad Man Moon bis Die größten Musiker etc) oder TV-Serien-Beschreibungen (Miami Vice, Der Kommissar, Dallas etc) oder diverse Prosaen mit Gefühlen oder Beschreibungen mit Life, Zeit etc.

Es ergab eine BLOOD ON THE ROOFTOPS-Trilogie mit weiteren Sachen wie die Textanalyse von Hotel California, diverse Listen mit Grammy oder Oscar etc.

Dazwischen war mein künstlerischer Höhepunkt mit dem Buch LIEBE IST ALLES. Eine Magical Mystery Tour aus allen Möglichen. Kurz darauf das Musikbildband MUSIC WAS MY FIRST LOVE , sehr kurz darauf mein Schlaganfall. Es wäre sehr interessant über meine 2 Bücher zu denken. Ich hatte tatsächlich einige Monate Hirn-Sauerstoffmangel! Dementsprechend über diese 2 Bücher?

Ja, und danach schließt wieder der Kreis: die DANACH-Trilogie... Sozusagen eine Alternative auf den Punkt: auch mit Musik, Leben, Gesellschaft...

Alle ISBN-Bücher (bis auf DANACH III - ist ja hier, lach) findet man auf das 1. Kapitel (auch ein paar Inhalts-Tipps).

C P Gerd Steinkoenig Gerd F Steinkoenig 13.08.2019 17:56

© 2019 Gerd Steinkoenig
Herstellung und Verlag: BoD – Books on Demand, Norderstedt
ISBN: 978-3-7494-7006-8